DE

LA TRANSACTION

ET DE SON UTILITÉ

POUR LE RÈGLEMENT DES AFFAIRES CIVILES ET COMMERCIALES

PAR

F. RIGAL

EXPERT GÉOMÈTRE A BORDEAUX

> Les procès sont comme les dents mala-
> des; il faut s'en délivrer au plus vite
> une fois arrachées, on n'y pense plus.
> ED. LABOULAYE.

> La prohibition de transiger est odieuse.
> Les gens d'affaires, les avocats, les conseils
> des parties doivent porter leurs clients à
> transiger plutôt qu'à faire des procès.
> TROPLONG.

> Les transactions ont, entre les parties,
> l'autorité de la chose jugée en dernier
> ressort. Elles ne peuvent être attaquées
> pour cause d'erreur de droit ni pour cause
> de lésion.
> CODE CIVIL, art. 2052.

BORDEAUX

IMPRIMERIE G. GOUNOUILHOU

11, RUE GUIRAUDE, 11

—

1892

DE
LA TRANSACTION

ET DE SON UTILITÉ

POUR LE RÉGLEMENT DES AFFAIRES CIVILES ET COMMERCIALES

PAR

F. RIGAL

EXPERT GÉOMÈTRE A BORDEAUX

> Les procès sont comme les dents mala-
> des; il faut s'en délivrer au plus vite;
> une fois arrachées, on n'y pense plus.
> ED. LABOULAYE.

> La prohibition de transiger est odieuse.
> Les gens d'affaires, les avocats, les conseils
> des parties doivent porter leurs clients à
> transiger plutôt qu'à faire des procès.
> TROPLONG.

> Les transactions ont, entre les parties,
> l'autorité de la chose jugée en dernier
> ressort. Elles ne peuvent être attaquées
> pour cause d'erreur de droit ni pour cause
> de lésion.
> CODE CIVIL, art. 2052.

BORDEAUX

IMPRIMERIE G. GOUNOUILHOU

11, RUE GUIRAUDE, 11

1892

INTRODUCTION

Deux mots suffiront pour justifier la publication des pages qui suivent :

Il y a quelque temps, un de mes amis, propriétaire et industriel dans une ville du Midi, me confia tout le tourment que lui causait un procès dont le menaçait un voisin peu commode et surtout fort exigeant : il s'agissait d'une question de mitoyenneté, d'un droit de servitude *non altius tollendi,* d'une autre servitude *aquæ haustus,* dont ledit voisin entendait se servir, même au point d'en abuser.

« Vous êtes expert géomètre, me dit mon ami, et, comme tel, vous pourrez probablement m'éclairer, m'indiquer jusqu'à quel point je dois tenir compte des prétentions de mon adversaire. Les tracasseries sans nombre dont il me gratifie depuis longtemps déjà m'exaspèrent chaque jour davantage, sans compter que son opposition au projet d'agrandissement de l'usine que je dirige me cause un réel dommage. Puisqu'il veut plaider, je plaiderai, décidé que je suis à ne pas laisser entamer ce que je crois mon droit; néanmoins, je ne serais pas fâché d'avoir votre opinion. Vous me feriez donc plaisir en étudiant cette affaire. »

J'acceptai la proposition qui m'était faite. M'étant rendu sur les lieux, j'en levai le plan tout en étudiant attentivement les titres de propriété des deux adversaires. Et j'acquis ainsi la certitude que chacun d'eux se trompait étrangement sur la nature de ses droits, qu'ils étaient très incertainement établis et qu'il valait mieux s'en tenir à un arrangement amiable.

Je dois l'avouer, je ne réussis pas tout de suite à faire accepter ma manière de voir; j'y parvins cependant, et une Transaction qui ne coûta rien ni à l'amour-propre ni à la bourse d'aucun, termina le différend et rendit bons amis deux voisins dont l'un ne perdait jusque-là aucune occasion de tracasser l'autre.

En raison de l'amitié que j'avais pour l'un des deux adversaires, il me parut intéressant de me livrer à une étude de la Transaction considérée comme un moyen de résoudre, d'une manière aussi équitable que simple et peu coûteuse, les différends que l'on a l'habitude de transformer en procès; ces procès dont Molière disait, il y a un peu plus de deux siècles, que la seule pensée d'en avoir à soutenir était capable de le faire fuir jusqu'aux Indes.

Cette étude terminée, je la communiquai aux deux ennemis que j'avais réussi à réconcilier. Ils furent encore d'accord pour reconnaître que ma proposition de transiger leur avait épargné des tracas, des soucis, des frais, et qu'elle leur avait procuré l'occasion d'avoir l'un pour l'autre l'estime que l'on a pour son semblable, lorsque chacun fait taire son égoïsme pour n'écouter que sa raison, son intelligence, sa conscience et son cœur.

C'est pourquoi j'ai résolu de publier cette étude. Je la dédie à mes amis, aux personnes qui veulent bien m'accorder leur estime, leur bienveillance, leur confiance même. En faisant cela, ma seule prétention est de faire acte de bonne volonté autant que de reconnaissance, et la récompense que j'en attends je la place dans ceci, savoir : que tous ceux qui auront le courage de me lire jusqu'au bout soient fermement convaincus qu'il vaut mieux transiger que plaider.

SOMMAIRE

DE

LA TRANSACTION

ET DE SON UTILITÉ

POUR LE RÈGLEMENT DES AFFAIRES CIVILES ET COMMERCIALES

I

But que se propose l'auteur.
Son opinion sur les procès, les plaideurs, et les hommes de loi.

Mais avant d'exposer les considérations qui l'ont amené à trouver utile, pratique et bienfaisante la Transaction appliquée au règlement des affaires civiles et commerciales, l'auteur de ce modeste travail ne croit pas inutile d'expliquer complètement sa pensée, de définir nettement le but qu'il poursuit. Aussi bien cela le mettra-t-il plus à l'aise, et il y gagnera plus de liberté pour exposer son opinion ; quant au lecteur, sachant à qui il a affaire et où l'on veut le conduire, il apportera plus de bienveillance dans son appréciation sur une thèse qui n'a d'autre mérite que la bonne volonté et la bonne foi de celui qui la soutient.

La profession qu'il exerce depuis plus de vingt ans lui a permis de connaître les dessous de la procédure, de voir de près toutes les misères qu'engendrent les procès, de se faire une opinion exacte sur la manière dont on les soutient.

Et humblement il avoue que procès et procédure ne lui ont laissé qu'une admiration très relative ; car les procès

1.

troublent la tranquillité des individus, sèment la discorde dans les familles, brisent les liens des amitiés les plus solides; et pour ce qui est de la procédure, l'auteur en reconnaît la nécessité autant que l'importance, mais il ne peut s'empêcher de plaindre bien sincèrement ceux qui, pour sauvegarder et faire respecter leurs droits, sont obligés de s'astreindre à toutes ces formalités si obscures, si inquiétantes et si ruineuses.

Loin de lui la pensée d'ajouter un nouveau réquisitoire à tous ceux que l'on a déjà prononcés contre les procès, la procédure et ceux qui en vivent. Ce n'est pas seulement d'aujourd'hui que les plus violentes diatribes sont dirigées contre les hommes de loi, magistrats, avocats, officiers ministériels. Que viendrait donc faire une nouvelle philippique après tant d'autres restées, d'ailleurs, inutiles? Non, la pensée de l'auteur n'est pas de s'offrir un pareil hors-d'œuvre. Que la procédure soit inintelligible pour le commun des mortels, tout le monde, depuis longtemps, est d'accord là-dessus; même les mauvaises langues prétendent qu'elle n'est semée que de pièges. Que ses pratiques soient onéreuses pour les plaideurs, il n'y a qu'à le demander à tous ceux qui ont soutenu des procès; que parmi les hommes de loi il y en ait qui soient peu scrupuleux, de mauvais conseil, rapaces et s'entendant à merveille dans l'art d'écorcher le client en douceur, c'est là une opinion généralement admise, mais qui ne va pas sans quelque injustice, car l'avocat ou l'officier ministériel peu consciencieux constituent de très rares exceptions.

A quoi donc servirait de rééditer tout ce qui a été dit, et quelquefois même fort bien dit?

D'ailleurs, celui qui écrit ceci n'enveloppe pas dans la même réprobation la procédure et les hommes qui en appliquent les règles. Parmi ceux-ci, il en est beaucoup pour lesquels il a gardé autant d'admiration que de respect, soit à cause de leur talent, soit à cause de leur honnêteté. Il sait que ceux-là sont les premiers à déplorer les effets d'une législation contre laquelle ils ne peuvent rien, sinon en atténuer les excès en suivant les inspirations de leur raison, de leur conscience et de leur cœur.

On ne trouvera donc pas dans cet opuscule une attaque en règle contre les hommes de loi, et l'auteur professe que si des excès se commettent en procédure, ce n'est pas tant les hommes de loi qu'il faut en accuser: il faut voir la cause du mal dans le développement excessif de l'égoïsme, dans la préoccupation constante de chacun à satisfaire ses passions, ses caprices et son intérêt. Et puis, il faut bien le dire, les plaideurs y sont aussi pour beaucoup dans le mal dont ils se plaignent; leur naïveté n'a d'égale que leur stupéfaction et leur colère quand il s'agit de payer les frais de la fantaisie qu'ils se sont offerte. Pour certains chasseurs, c'est le lapin qui a toujours tort; ils donnent pour excuse qu'ils sont obligés d'aller à l'affût. Le plaideur, lui, ne laisse même pas cette peine aux hommes de loi; et parmi ceux-ci, ils sont nombreux ceux qui avouent — non sans une douce ironie — que c'est le client lui-même qui a voulu poivrer la sauce à laquelle on l'a accommodé.

A ce point de vue, la physionomie du plaideur est une des plus intéressantes à observer dans le monde qui vit et s'agite autour du Palais.

Il y a d'abord le plaideur de profession. Celui-là connaît son Code à fond. Il étonne par sa science du Droit et de la Procédure, mais il déconcerte aussi par son amour de la chicane: elle est sa divinité. Il a un culte, celui du papier timbré et des grimoires; et le Palais n'est pas pour lui le temple de la Justice, mais plutôt un asile où il abrite ses haines, ses colères et son envie. Certainement il est malin; mais il se trompe quand il se croit fort, car on a remarqué que, généralement, il perdait ses procès. Il connaît les mille et mille moyens de les engager, de les soutenir, de les prolonger, d'accumuler sommations sur sommations, de tenir sans cesse en haleine tout un monde de magistrats, avocats, avoués, huissiers, experts; au Palais, il est véritablement chez lui; il en connaît les mœurs, les usages, le personnel. Il parle du Président comme d'une vieille connaissance, et des deux Juges il y en a toujours un qui est son ennemi, celui-là même qui lui fait perdre son procès; son avocat est incomparable, mais il ne dédaigne pas de lui faire la leçon; quant à son avoué, il est, de tous, le plus retors... Et quand cet homme a ainsi passé sa vie à chicaner, disputer, assigner, payer des frais, à causer le tourment et la ruine de ceux contre lesquels il en a, il lui reste la réputation d'un homme qu'il vaut mieux avoir pour ami que pour voisin, mais qui a perdu le meilleur et le plus clair de son argent à faire noircir du papier timbré.

Tout autre est le plaideur d'occasion.

D'abord, quand il engage un procès, il ne parle que d'une chose : vaincre son adversaire et lui faire manger tout ce qu'il a. Qu'il ait tort, qu'il ait raison, les frais n'ont rien qui l'épouvante, et, pour avoir le dernier mot, il se sent de taille à en appeler au dernier juge du dernier tribunal. Fort heureusement pour lui son ardeur n'est qu'un feu de paille qui dure peu, et la carte à payer lui laisse immédiatement cette impression, que le papier timbré est d'un luxe fort coûteux. Il faut reconnaître cependant qu'il ne se laisse plumer qu'une seule fois et que, généralement, une première leçon lui suffit, avouant qu'il est devenu grand partisan de cette maxime tirée de la sagesse des nations: L'erreur s'explique et se pardonne, mais il est impardonnable d'y rester.

Le plaideur malgré lui est un homme vraiment malheureux et bien à plaindre. Pour celui-là, un procès est un véritable Calvaire; il n'en dort pas, il n'en mange pas; il en devient malade, hargneux, grincheux, méchant pour lui-même et pour les siens. Les sophismes des avocats l'étonnent, les finesses de son avoué le déconcertent et l'ahurissent. Le jour où son procès se plaide, il est dans une inquiétude mortelle causée par la solennité du lieu, le silence qui y règne, les paroles, les gestes et la robe noire des avocats. Celui de son adversaire est pour lui un véritable épouvantail..... Et quand tout est fini, quand il a payé les frais de toute nature qui lui incombent, il lui reste une sainte horreur des procès, une peur étrange d'en avoir jamais d'autres; quand il a recouvré ses esprits, il se demande pourquoi la justice a un tel besoin de formalités et pourquoi le droit de chacun dépendrait de leur seul accomplissement.

Par ce qui précède, on pourra se convaincre que l'auteur ne tombe pas dans les travers de ceux qui ne cessent de crier contre les procès, la procédure et les hommes de loi; il a les procès en horreur et les déconseille toutes les fois qu'il lui est donné de le faire. Pour ce qui est de la procédure, il estime que tout ce qu'on lui reproche ne dépend que de l'exigence de la loi et de la rigoureuse exactitude avec laquelle elle veut être accomplie à peine de nullité; cela dépend du doute dans lequel certains textes de loi peuvent jeter par leur obscurité, leur équivoque, leur ambiguïté et les antinomies qu'ils présentent; c'est la crainte de ne pas suffisamment satisfaire à la loi par la difficulté de lui donner une interprétation juste, qu'il arrive souvent de faire des doubles emplois, de faire des actes surabondants que la prudence commande, et de prolonger les délais prescrits, par exubérance de précaution, afin d'éviter des nullités qui, non seulement entraîneraient la perte de beaucoup de frais déjà faits, mais encore, en beaucoup d'occasions, la péremption de l'action elle-même.

Quant aux hommes de loi, ils ne sont nullement responsables des lenteurs de la procédure, des frais qu'elle occasionne, des formalités dont elle se trouve hérissée. Si l'on met de côté le nombre très infime de ceux qui sacrifient à l'appât du gain la dignité professionnelle et

les traditions d'honneur et de probité qui sont celles de
cette corporation, on peut dire des hommes de loi que le
ministère qu'ils prêtent aux plaideurs exige non seulement une connaissance approfondie de notre législation
et de la jurisprudence, — ce qui peut s'acquérir, — mais
encore un dévouement, une patience, des préoccupations
et des responsabilités qui mériteraient mieux que les
récriminations des plaideurs.

Ces derniers devraient garder pour eux toutes les
malédictions qu'ils prodiguent à la loi, aux magistrats,
aux procureurs; les passions, les défauts et l'égoïsme
inhérents à la nature humaine sont généralement les
seuls mobiles qui les fassent agir. Quand un homme se
laisse guider par eux, sa raison est tellement oblitérée
par la contemplation de ses droits, qu'il perd jusqu'à la
conscience, jusqu'à la notion des droits de ses semblables, et qu'il oublie tout de suite qu'une société ne saurait se composer d'hommes n'ayant que des droits et
aucun devoir. La liberté de chacun, dit-on, finit là où
celle d'un autre commence; à propos des procès, on peut
dire que l'homme qui les provoque, les engage ou les
soutient oublie la notion de son devoir pour celle de son
droit, et il est déplorable que le législateur, ayant à tenir
compte d'un pareil oubli, se trouve obligé de prévoir la
multitude des cas où l'homme, oublieux de la véritable
équité naturelle, fait la sourde oreille aux appels de sa
conscience pour n'écouter que les excitations de son
égoïsme et de ses instincts.

Cependant, on ne saurait méconnaître que de tout
temps les législateurs des divers peuples ont voulu tenir
compte de la part de bons sentiments qui sont au fond
de la nature humaine. Que l'homme soit imparfait, ce
n'est malheureusement que trop vrai; mais enfin il ne
l'est pas toujours. Eh bien! dans ce cas, la loi sociale res-
pecte la liberté et le droit de l'individu, en lui laissant le
moyen, la possibilité de faire de ses facultés tel usage

qu'il voudra et qu'à propos de son semblable il ne se laisse guider que par ce principe : Fais à ton prochain ce que tu voudrais qu'il te fût fait.

C'est pourquoi la loi sociale, à toutes les époques, a reconnu le principe de la Transaction, qu'elle en a recommandé la pratique, laissant ainsi à chaque individu le moyen d'observer les prescriptions de la loi naturelle dont la loi sociale n'est qu'une expression bien atténuée.

II

**Si la loi naturelle commande la Transaction,
la loi sociale la reconnaît et en sauvegarde l'exercice.
La Transaction d'après le Code civil.**

« Lorsque les hommes, se rapprochant les uns des autres, ont cessé de se regarder en ennemis pour constituer la première société et mettre en commun leur industrie, leur intelligence, leur force, chacun d'eux a apporté à l'association naissante son contingent de biens utiles à tous, pour en recevoir en échange d'autres biens qui lui faisaient défaut. De là des Transactions, des droits, et, comme suite naturelle, des empiétements, des contestations, des différends.

» Pour ne plus trancher ces derniers par la violence, ce qui aurait constitué la guerre à l'état permanent, l'on convint de s'en rapporter à l'appréciation de tiers désintéressés : ce furent les premiers arbitres, les premiers juges. Plus tard, les agglomérations humaines étant devenues plus nombreuses, il fallut, pour vider tous les litiges, que ces tiers, investis de la confiance de leurs semblables, consacrassent tous leurs instants à cette tâche devenue plus laborieuse. L'autorité publique intervint alors pour régler le mode de leur désignation; leur fonction devint permanente. C'est la magistrature, dont la mission consiste à départager les prétentions rivales, à rechercher qui a raison et qui a tort, à assurer à chacun la restitution de ce qui lui appartient légitimement; — *Suum cuique tribuere,* — comme disaient excellemment les Romains (¹). »

(¹) *Du rôle de la magistrature dans une République,* par E. Pompeï, avocat général à Montpellier (1885).

Nous ne saurions mieux définir que par cette citation l'opinion que l'on doit se faire de la Transaction considérée comme une manifestation de la liberté individuelle, en opposition au rôle de la magistrature considérée comme une institution sociale.

A l'origine des sociétés, quand il n'y avait ni législation, ni code, ni civilisation, la Transaction fut la règle à laquelle les hommes se soumirent en se rapprochant les uns des autres. Alors, ni code, ni magistrats, ni tribunaux, ni procédure; chacun devint le propre juge de sa propre cause; chacun donnait autant qu'il recevait, et le droit de propriété, réduit aux objets les plus indispensables à la vie matérielle, n'avait à redouter d'autres complications que la mauvaise nature de tel ou tel individu. Sans prétendre, comme J.-J. Rousseau, que l'homme, à l'état sauvage, est meilleur et plus heureux que l'homme civilisé, on peut bien dire, néanmoins, qu'à l'origine des sociétés, le droit était beaucoup plus près de la loi naturelle que la loi sociale qui vint après. Ce n'est que par l'emploi de la force, de la violence ou de la ruse que les hommes se trouvèrent obligés d'obéir à un ensemble de règles communes à tous qui constituèrent le premier système de législation.

Quoi qu'il en soit, il n'y a lieu de retenir qu'une chose : c'est que la Transaction fut un des premiers moyens à l'aide desquels les hommes réglèrent les rapports qu'ils pouvaient avoir entre eux. Et la preuve, c'est que l'arbitrage, qui en est la conséquence naturelle, se retrouve dans toutes les sociétés et toutes les législations.

De telle façon que le droit de transiger est pour ainsi dire un droit naturel de l'homme, et une loi sociale qui ne reconnaîtrait pas ce droit serait injuste autant qu'imparfaite.

Puisque le droit de Transaction peut se justifier autant par son origine que par son importance et sa simplicité, il y a lieu de se demander de quelle manière notre Code civil entend ce droit et comment le Code de procédure en règle l'exercice.

La Transaction forme la matière du titre XVe, IIIe livre du Code civil, et comprend les articles 2044 à 2052 inclus.

On peut résumer de la manière suivante les dispositions de ces articles, ainsi que les interprétations et les explications des commentateurs.

La Transaction est un contrat par lequel les parties préviennent une contestation à *naître*, ou terminent une contestation *née;* elle a pour *but* la fixation et la consolidation d'un droit douteux, ou qui, du moins, paraissait l'être, et pour *moyen* le sacrifice ou l'abandon de quelque prétention.

Elle doit être rédigée par écrit, même quand l'objet sur lequel on transige serait d'une valeur moindre de 150 fr. La Transaction devant terminer les procès, on n'a pas voulu qu'elle pût donner lieu à un procès sur la question de savoir s'il y avait eu ou non Transaction.

Cependant l'écriture n'est pas exigée comme *solennité de rigueur*, mais seulement pour établir l'existence de la Transaction, ce qui ne peut pas être abandonné au sort d'une preuve testimoniale; d'où il suit que si la Transaction verbale est avouée, elle doit s'exécuter.

Nous allons examiner successivement quelles sont les personnes qui peuvent transiger; quelles choses peuvent être l'objet des transactions, et quel est leur effet; nous verrons ensuite dans quels cas et par quels moyens on peut les faire annuler.

§ I. — *Personnes qui peuvent transiger.*

Dans toute Transaction, il y a nécessairement, de la part des deux parties, ou de l'une d'elles, *sacrifice* ou *modification* de prétentions; or, le sacrifice d'un droit est une manière d'en disposer; donc, pour transiger, il faut avoir la capacité de disposer des objets compris dans la Transaction.

Le tuteur peut transiger pour le mineur ou l'interdit placé sous sa tutelle, mais seulement après en avoir obtenu l'autorisation de la justice, et en observant ce qui suit :

D'abord, le tuteur doit convoquer le conseil de famille, et être autorisé par lui à l'effet de la Transaction.

Cette autorisation obtenue, le tuteur s'adresse au procureur de la République près le Tribunal de première instance du lieu, qui désigne trois jurisconsultes.

Ces jurisconsultes examinent si la Transaction est avantageuse ou non au mineur, et donnent leur avis.

Si l'avis est pour la Transaction, le tuteur peut la signer, mais elle n'est valable que lorsqu'elle a été homologuée par le Tribunal civil.

Tout cela ne s'applique qu'aux Transactions que le tuteur peut faire, au nom de son pupille, avec des étrangers. Mais s'il s'agit de Transactions entre le tuteur et son pupille, alors on distingue si le pupille est devenu majeur ou s'il est encore en minorité.

S'il est en minorité, le tuteur est considéré lui-même comme étranger. Le subrogé-tuteur prend sa place; il devient le tuteur du pupille, et observe les formalités qui viennent d'être indiquées.

Si le pupille est devenu majeur, toute Transaction intervenue entre lui et son tuteur serait nulle si elle n'avait été précédée de la reddition du compte de tutelle.

Les communes et établissements publics peuvent aussi transiger, mais après avoir obtenu du gouvernement une autorisation expresse à cet égard.

Voici les formes à observer pour obtenir cette autorisation.

Le maire de la commune ou les chefs de l'établissement s'adressent au préfet du département et lui exposent les avantages ou la nécessité de la Transaction.

Le préfet désigne trois jurisconsultes pour donner leur avis.

Sur la consultation de ces jurisconsultes et sur l'autorisation donnée par le préfet, d'après l'avis du Conseil de préfecture, une délibération du Conseil municipal, s'il s'agit de l'intérêt d'une commune, ou du Comité d'administration, s'il s'agit d'un établissement public, consent la Transaction.

§ II. — *Choses sur lesquelles on peut transiger.*

Pour qu'il puisse y avoir Transaction valable, il faut qu'il y ait *contestation* ou *matière à contestation.*

Et il est indispensable que la contestation soit *à craindre,* ou qu'elle soit *née :* sans cela, l'acte n'aurait de la Transaction que le nom sans en avoir les effets.

S'il était prouvé qu'au moment où elle est faite le procès était terminé par un jugement passé en force de chose jugée, dont les parties, ou l'une d'elles, n'avaient pas connaissance, la Transaction serait nulle, par la raison qu'*il n'y avait plus de contestation.*

Cependant, si le jugement, quoique ignoré, était susceptible d'appel, la Transaction serait valable.

Il suffit que l'objet de la Transaction soit licite. Par exemple, on peut transiger sur l'intérêt civil qui résulte d'un délit, mais cette Transaction n'empêche pas la poursuite du ministère public.

§ III. — *Effets des Transactions.*

Le principal ou plutôt l'unique effet de la Transaction est qu'elle éteint à jamais le différend qu'on s'est proposé, en la faisant, de prévenir ou de terminer, et qu'elle a, entre les parties, l'autorité de la chose jugée en dernier ressort.

Elle ne peut point être attaquée pour cause de lésion.

Du reste, elle se renferme *dans son objet :* la renonciation, qui y est faite à tous droits, actions et prétentions, ne s'entend que de ce qui est relatif au différend qui y a donné lieu.

Et elle ne règle *que les différends qui s'y trouvent compris,* soit que les parties aient manifesté leur intention par des expressions spéciales ou générales, soit que l'on reconnaisse cette intention par une suite nécessaire de ce qui y est exprimé.

Si, par exemple, celui qui avait transigé sur un droit qu'il avait de son chef, acquiert ensuite un droit semblable du chef d'une autre personne, il n'est point, quant au droit nouvellement acquis, lié par la Transaction antérieure.

On peut ajouter à la Transaction la stipulation d'une peine contre celui qui manquerait de l'exécuter.

§ IV. — *Dans quels cas et par quels moyens on peut faire annuler ou rescinder une Transaction.*

Les Transactions peuvent être rescindées dans tous les cas où l'une des parties ne se trouve engagée que par suite de *ruses, artifices* ou *violences* exercés par ceux avec qui elle a traité. Cette doctrine est de tous les temps comme de tous les lieux, et elle s'applique à tous les actes, de quelque espèce qu'ils soient.

Elles peuvent l'être également quand, par des titres nouvellement découverts, il est prouvé que l'une des parties n'avait aucun droit sur ce qui en a fait l'objet.

Voyons maintenant quel est, dans les Transactions, l'effet de l'*erreur.*

Il faut d'abord distinguer entre l'*erreur de droit* et l'*erreur de fait.*

L'*erreur de droit* ne peut jamais servir de prétexte pour faire annuler une Transaction (2052 Code civil). Ce principe est fondé : 1º sur ce que l'ignorance du droit ne se présume point dans ceux qui contractent; 2° sur ce que la connaissance du droit, dans lequel se rencontrent tant de questions difficiles, n'empêche pas qu'il n'y ait intérêt de transiger sur un procès, au lieu d'en risquer l'événement toujours incertain.

Si, cependant, l'erreur avait été tellement générale que le législateur se fût cru obligé, non seulement de la faire cesser par une déclaration de sa volonté, mais encore de relever ceux qui l'auraient commise des acquiescements auxquels elle aurait pu les entraîner, la Transaction qui aurait été la suite d'une pareille erreur serait incontestablement nulle.

Quant à l'*erreur de fait,* elle peut servir de fondement à la rescision d'une Transaction :

1° Lorsque l'erreur tombe sur la personne avec qui l'on a transigé;

2° Lorsqu'elle porte sur l'objet de la Transaction;

3° Lorsque la Transaction a été faite sur des pièces qui, depuis, ont été reconnues fausses.

Parce que, dans ces trois cas, le consentement a porté à faux, et par conséquent n'a point été un véritable consentement.

Le Code prévoit un autre cas : « Il y a (dit-il à l'ar-» ticle 2045) également lieu à l'action en rescision contre » une Transaction, lorsqu'elle a été faite en exécution » d'un titre nul, à moins que les parties n'aient expressé-» ment traité sur la nullité. »

Cependant, si les contractants, sans traiter sur la nul-lité, exécutent, par une Transaction, un titre qu'ils croyaient valable et régulier, et que, depuis, ils ont reconnu entaché de quelque vice susceptible d'en faire prononcer la nullité, ils ne peuvent point ensuite se pourvoir en rescision sous le prétexte qu'il y a, de leur part, *erreur de fait,* en ce qu'ils ont supposé valable un titre qui pouvait ne pas l'être : l'erreur dans laquelle ils seraient tombés, en traitant de cette manière, serait une *erreur de droit,* rentrant dans le principe posé par le Code, par suite duquel cette espèce d'erreur ne peut servir de prétexte à la rescision.

Cette doctrine recevrait son application plus positivement encore, si la Transaction avait été suivie d'exécution.

Lorsque les parties ont transigé *généralement sur toutes les affaires qu'elles peuvent avoir ensemble,* et que, postérieurement, elles découvrent des titres jusqu'alors inconnus, cette découverte ne devient une cause de rescision que dans les cas où les titres nouvellement découverts auraient été retenus par le fait de l'une des parties.

Si, dans les opérations arithmétiques sur les conventions qui sont le résultat de la Transaction, il se glissait des *erreurs de calcul,* ces erreurs, étant évidemment contre la volonté des parties, devraient être réparées.

§ V. — *Observations sur la forme de l'acte.*

Comme l'objet de la Transaction est de *prévenir* ou d'*éteindre* une discussion, il est indispensable de faire connaître, d'abord la *cause* de cette discussion d'une manière claire et précise.

Ensuite, on expose succinctement les prétentions de chacune des parties; on énonce les qualités et les titres sur lesquels elles se fondent, et, s'il s'agit d'un procès déjà commencé, on fait connaître l'état actuel de la procédure.

S'il y a plusieurs différends sur lesquels on transige, il convient de les exprimer séparément. Pour cela, on divise l'exposé en autant de sections qu'il y a de chefs principaux de discussion, et même on subdivise les sections en paragraphes, si cette subdivision paraît nécessaire pour établir les faits avec plus de clarté.

Ce n'est qu'après avoir ainsi fait connaître l'état des choses que l'on passe aux articles de la Transaction.

III

L'individualisme, le Code civil.
La vie sociale.

Puisque le droit de transiger est un droit naturel et primordial, que les lois sociales de différents peuples ont reconnu, on est autorisé à se demander pourquoi, dans notre société actuelle, on voit le nombre des procès augmenter de jour en jour, si bien que les tribunaux suffisent à peine à les juger. Ce développement des procès, rapproché de la simplicité des solutions obtenues par voie de Transaction, offre une contradiction véritablement monstrueuse.

Si monstrueuse qu'elle soit, elle comporte une explication qu'il faut rechercher autant dans les infirmités de la nature humaine que dans les institutions qui régissent la société actuelle. Et comme cette explication ne peut que mieux servir à faire *comprendre* les bons effets de la Transaction, c'est elle que nous allons développer le plus brièvement possible.

Il semble que les institutions de la société actuelle soient uniquement faites pour le développement des tendances qu'ont les individus à engager des procès. Cette société, il est devenu banal de dire qu'elle est issue de la Révolution française, dont le fait capital a été la consécration dans l'ordre politique et social du droit individuel. A ce moment, ce qui est tout à fait nouveau, ce qui est tout à fait le trait essentiel de cette Révolution, c'est la prise de possession par l'homme de sa place, mais de sa place tout entière dans l'organisation politique et sociale du pays. A une organisation sociale nouvelle, il fallait un droit

individuel nouveau, car celui-ci n'est pas une contradiction au droit social; le droit social dérive de la nature
aussi bien que le droit individuel; l'un et l'autre, loin de
s'entrechoquer, doivent s'harmoniser, et c'est de cette
harmonie que sortira le bien de la société.

Cette harmonie est-elle réalisée par l'ensemble de nos
lois civiles? Il est permis d'en douter, surtout lorsqu'on
voit toutes les ressources que trouvent dans le Code les
faiseurs de procès. Ce Code est tout simplement un
arsenal dans lequel ils trouvent mille et un moyens de
faire respecter le droit individuel, c'est possible, mais au
préjudice des prescriptions de la véritable loi naturelle.
La propriété est, et doit être, inviolable, c'est une affaire
entendue; mais si une circonstance quelconque vous force,
malgré vous, à violer cette propriété, il y a dans le Code
des articles qui réprimeront ce fait de la même manière
que si cette violation avait été réfléchie et voulue.

En d'autres termes, chaque citoyen trouve dans le Code
une telle consécration de son droit individuel que, dans
n'importe quelle occasion et à propos de n'importe quoi,
il peut trouver dans ce monument un moyen de faire un
procès à n'importe qui, c'est tout simplement une affaire
de tempérament. Le développement outré de l'individua-
lisme n'a fait qu'accentuer l'inconvénient des ressources
offertes par le Code aux gens processifs, et c'est pourquoi,
lorsqu'un individu se trouve menacé dans ses intérêts, que
cette menace soit absolue ou seulement relative, vite il a
recours au Code. Au fond de chaque procès il y a souvent —
si ce n'est pas toujours — mauvaise volonté manifeste de la
part de celui qui attaque. Le droit individuel repose, dans
son application surtout, sur un principe d'égoïsme qui ne
marchande jamais, quand il s'agit d'intérêts matériels, et
l'on a vu des gens réclamer sérieusement dix, vingt, cent
fois plus que ne le comportait le dommage qui leur était
causé, trouvant même inique que le magistrat ne les ait
pas suivis dans cette voie. Votre chien entre dans le

jardin du voisin et y dévaste un carré de légumes. Vous croyez vous en tirer en offrant audit voisin le même prix des légumes que s'il les vendait? Point du tout; il n'a qu'à prétendre que ces légumes, il les avait plantés pour le plaisir de les voir perdre sur place, et que les ravages commis par votre chien lui ont causé un dommage beaucoup plus grand que celui de la perte réelle, et il se trouvera toujours des hommes de loi pour lui assurer qu'il est dans son droit, et des magistrats pour tenir compte dans une certaine mesure, et au nom du droit individuel, de l'exagération des prétentions de votre adversaire.

En résumé, les lois sociales actuelles ne tiennent compte que du droit des individus au préjudice du principe de la loi naturelle, de la loi morale si l'on veut : une loi qui veut certainement que l'on répare un dommage causé, mais qui veut surtout que cette réparation soit exigée d'après les règles de la raison, de la conscience et de l'équité.

IV

La Transaction est appliquée par tous les hommes intelligents, honnêtes et raisonnables.
Exemples remarquables de la Transaction.

Les grandes Compagnies financières, de chemins de fer, industrielles, d'assurances, etc., opèrent toujours par la voie de la Transaction. Les grandes Administrations de l'État n'engagent des procès que lorsqu'elles ont affaire à des adversaires intraitables et trop exigeants.

Et pourtant les intérêts que ces Compagnies ou ces Administrations ont à sauvegarder sont autrement importants que ceux qui sont en jeu dans les innombrables petits procès qui alimentent les études des hommes de loi. Il n'y a pas bien longtemps encore l'arbitrage, qui est une des formes de la Transaction, a été employé pour terminer le différend qui existait entre les mineurs d'Anzin et la Compagnie qui exploite ce bassin houiller. L'expérience a réussi et ce n'est pas un des moindres événements de la vie sociale et économique de l'époque actuelle.

Croit-on, par hasard, qu'il est bien facile de concilier les intérêts des travailleurs et des grandes Sociétés qui les exploitent?

Et pourtant on a fini par reconnaître que dans des cas pareils, l'arbitrage est ce qu'il y a de plus pratique, et qu'il constitue le seul moyen de satisfaire aussi équitablement que possible les réclamations formulées par des milliers d'ouvriers et les prétentions de gros capitaux.

Au point de vue international même, est-ce que l'idée d'arbitrage ne rencontre pas des adhésions de plus en plus nombreuses ? Est-ce que les plus grands esprits de cette fin de siècle ne sont pas tous d'accord que c'est un moyen qui témoignerait de la dignité de la conscience humaine, et que ce n'est pas en vain que la philosophie, la morale et la religion ont formulé les principes d'humanité, de justice et de fraternité que l'on oublie, sans doute, mais qui n'en sont pas moins imprescriptibles?

Eh bien! si les intérêts de deux peuples ennemis sont susceptibles d'être réglés par voie de Transaction, ne serait-ce pas folie pure, de la part d'hommes intelligents et raisonnables, que de s'acharner à accumuler autour du différend qui les divise toutes les difficultés, les frais, les procédures et les tourments que causent les procès?

V

CONCLUSION

Il aurait fallu la compétence et le talent qui me manquent pour traiter cette question de la Transaction avec tout le développement qu'elle comporte. Et si j'avais été mieux armé pour mener à bien une telle œuvre, j'aurais entrepris une étude complète de la Transaction au triple point de vue de la loi naturelle, de la loi sociale, de l'usage que l'on en fait chaque jour dans la vie pratique.

Au point de vue de la loi naturelle, j'aurais montré que celle-ci, basée sur la liberté qui engendre la justice et sur la fraternité qui adoucit et corrige ce que l'égoïsme a de haïssable, commande à l'homme la Transaction, c'est-à-dire le sacrifice d'une partie de son droit individuel pour rendre possible et supportable la vie sociale résultant de l'harmonie entre tous les droits que les hommes, en tant qu'individus, peuvent avoir.

Au point de vue de la loi sociale, j'aurais montré les législateurs de toutes les époques et de toutes les civilisations reconnaissant à l'homme le droit comme le devoir de pratiquer la Transaction, se préoccupant de mettre dans la loi des dispositions consacrant la Transaction et en sauvegardant l'exercice. Au point de vue spécial de notre Code civil, j'aurais voulu rappeler combien les jurisconsultes les plus éminents, les commentateurs les plus autorisés se sont toujours rencontrés dans leurs opinions et dans la façon dont ils ont recommandé la pratique de la Transaction.

Enfin, au point de vue de la vie pratique, j'aurais

rappelé les circonstances mémorables où de graves intérêts, soutenus par des hommes intelligents et honnêtes, ont été conciliés par la Transaction pratiquée avec une seule préoccupation de l'équité jointe à l'horreur des procès : telles les grandes administrations publiques ou civiles, trouvant dans l'habitude de transiger le moyen de concilier les intérêts les plus graves et, par cela même, les plus difficiles à concilier.

Voilà ce que jaurais voulu faire et que je n'ai fait que bien faiblement.

Je ne redoute pas les critiques que l'on pourra m'adresser quant à la compétence que je n'ai pas ; au contraire, je les attends pour les mettre à profit. Il en est une, cependant, à laquelle je veux répondre dès à présent.

Par exemple, on ne manquera pas de me dire :

« Vous nous montrez que la Transaction est commandée par la loi naturelle ; qu'elle est consacrée et sauvegardée par la loi sociale ; que les hommes intelligents et honnêtes en font un salutaire usage. Si donc on n'y a pas plus souvent recours, c'est que cela est réellement impossible dans le plus grand nombre de cas. Il en est des procès comme des autres maux qui affligent notre pauvre humanité : ils sont nécessaires, et les exhortations les plus éloquentes n'y peuvent rien. »

Certes, il serait chimérique de vouloir supprimer le mal dans l'humanité, et je reconnais qu'il le serait autant de vouloir faire disparaître les procès qui rongent la vie sociale. Mais on voudra bien remarquer que les procès prennent de plus en plus un développement inouï ; dans le conflit des intérêts et des droits, l'homme s'habitue à ne vouloir que la guerre, et, si l'on n'y prend garde, il n'y aura bientôt que ce moyen ruineux et sauvage pour régler les différends que les hommes peuvent avoir. N'y a-t-il donc rien à tenter contre une tendance si détestable ? Oui, il y a lieu de réagir. Tous les moralistes reconnaissent et proclament que le rôle des hommes supérieurs consiste dans celui d'élever la dignité de l'individu, de le rendre meilleur et de plus en plus près de la perfection morale. Or, dans les rapports sociaux, quelle meilleure règle que la Transaction? Quel remède plus salutaire? La Transaction en appelle aux plus nobles facultés dont l'homme soit doué. Tous les hommes libres, intelligents et raisonnables, ne sauraient oublier qu'ils ont en face d'eux d'autres hommes également raisonnables, intelligents et libres. Et n'est-ce pas un spectacle d'une haute portée morale que celui de deux hommes s'accordant pour que le droit de chacun d'eux soit également respecté, et s'efforçant de produire ce résultat par le sacrifice d'une certaine partie de leurs droits individuels!

Ce respect mutuel des droits d'autrui, cette idée de sacrifier une partie du sien pour que l'exercice du droit du voisin ne soit pas gêné, tel est le principe qui sert de base à la Transaction, et c'est pourquoi elle est encore plus morale qu'utile.

Ainsi, pour terminer toutes difficultés qui surgissent dans les affaires humaines, pour résoudre toutes les contestations qu'amène le conflit des droits, des intérêts et des passions, l'homme raisonnable, sensé, clairvoyant doit rechercher, avant tout, *la Transaction*.

C'est ce que dictent à tout homme généreux son expérience des hommes et des choses, sa conscience, son amour du bien; c'est le suprême conseil qu'il doit à l'intérêt sainement entendu de ceux qui l'honorent de leur confiance et de leur estime.

Et il a le devoir de crier bien haut à ses concitoyens :

Avant de plaider, faites les derniers efforts pour transiger; avant de déclarer la guerre, épuisez la série des négociations honorables pour rétablir la paix. Vous vous épargnerez, le plus souvent, des dépenses, des tracas, de cruels mécomptes, toujours des regrets.

Transigez! C'est le dernier mot du droit moderne et le but où tendra la législation de l'avenir.

N'oubliez jamais ce vieil adage de nos jurisconsultes français, ces incomparables savants, ces esprits profonds, ces vrais sages qui, tous, sont d'accord pour résumer ainsi qu'il suit la vérité juridique et pratique :

« *Mauvais accommodement mieux vaut que bon pro-* » *cès.* »

www.ingramcontent.com/pod-product-compliance
Lightning Source LLC
Chambersburg PA
CBHW060522210326
41520CB00015B/4266